www.ingramcontent.com/pod-product-compliance
Lightning Source LLC
Chambersburg PA
CBHW071409220526
45469CB00004B/1222
* 9 7 8 1 7 2 4 9 7 4 3 3 4 *